FERNAND BOUDEVILLE

LE

PLÉBISCITE

PRIX : 50 CENTIMES

PARIS

EN VENTE CHEZ TOUS LES LIBRAIRES

FÉVRIER 1880

FERNAND BOUDEVILLE

LE

PLÉBISCITE

PRIX : 50 CENTIMES

PARIS

EN VENTE CHEZ TOUS LES LIBRAIRES

FÉVRIER 1880

LE

PLÉBISCITE

DU MÊME AUTEUR :

nous sera peut-être permis d'en tirer pour le présent et pour l'avenir des conclusions pratiques.

Et d'abord, qui a voulu la guerre?

Sur ce premier point, on peut mettre au défi un homme de bonne foi de déclarer que depuis les événements de 1866 la guerre entre la France et la Prusse n'était pas considérée comme inévitable par les hommes de tous les partis.

Quel est, parmi les journaux qui attaquent aujourd'hui l'Empire, celui qui n'a pas déclaré que la France était abaissée, amoindrie, annihilée? Quel est parmi les hommes d'Etat, qui attaquent l'Empire, celui qui n'a pas fait la même déclaration ?

Seul l'Empereur, en 1866, a vu sans jalousie l'agrandissement de la Prusse ; seul il a fait dire dans la fameuse circulaire de septembre 1866 que nous ne devions pas nous opposer aux transformations de l'Europe centrale; seul il a de nouveau affirmé cette politique dans le discours du trône.

Presque tout le monde parmi ses amis, tout le monde parmi ses adversaires était d'un avis différent.

Dans la circulaire de septembre 1866, l'Empire affirmait deux points : premièrement le devoir de reconnaître, sans s'en plaindre, les faits accomplis; secondement la nécessité de réorganiser notre armée, si nous voulions conserver notre rang en Europe.

Oui ou non, — puisque l'on parle de politique personnelle, — si cette politique personnelle eût été suivie, n'aurait-on pas évité les désastres ?

Qui donc l'a combattu?

L'opposition aujourd'hui triomphante et maîtresse du Pouvoir.

C'est M. Thiers qui, avec l'autorité de son expérience, la puissance de son talent, a battu en brèche la circulaire de septembre 1866. C'est lui qui a démontré à la France qu'elle était vaincue, qu'elle était amoindrie, qu'elle descendait au quatrième rang. C'est M. Picard, c'est M. Pelletan, c'est M. Jules Simon, ce sont, enfin, tous les républicains qui ont vaincu, au Corps législatif, avant les Prussiens, le maréchal Niel, qui en mourut de douleur.

Voilà pourquoi l'incident Hohenzollern a pris si vite des proportions inquiétantes, voilà pourquoi la guerre en est sortie. Lisez les journaux du moment, — non pas ceux du gouvernement, — mais ceux de l'opposition. Vous jugerez quel était l'état de l'opinion publique [1].

Mais il ne faut pas oublier, comme on affecte de le faire pour les besoins de la discussion, que le pouvoir impérial de 1870 n'était plus celui de 1852. Le pouvoir personnel avait été détruit par la constitution de 1870 ; un ministère responsable, dont M. Thiers cautionnait

1. Dans la brochure de M. Fernand Giraudeau, intitulée: *La Vérité sur la campagne de* 1870, on trouvera les extraits de tous les journaux.

l'indépendance et appuyait la politique, dirigeait les affaires. Comment donc s'en prendre à l'Empereur?

Veut-on donc constater que ce régime constitutionnel, tant vanté, est un leurre, puisqu'il affaiblit le prince sans le couvrir?

Soyons donc sincères vis-à-vis de nous-mêmes et vis-à-vis des autres. Reconnaissons donc que, tous, nous nous sommes trompés. Reconnaissons que nous disions, vingt fois le jour, depuis 1866 : « Puisque la guerre est inévitable, il vaudrait mieux en finir. » Reconnaissons que nous nous sommes fait des illusions sur nos forces et sur celles de la Prusse. Après tout, l'illusion que l'on se fait sur les forces de son pays est assez généreuse, assez noble, pour que l'on n'ait point à en rougir quand elle a été déçue.

Si la guerre n'eut pas éclaté pour l'affaire de Hohenzollern, elle eût éclaté un mois ou deux plus tard pour autre chose comme elle avait failli éclater un mois avant pour l'affaire du Saint-Gothard qui passionnait si fort M. Estancelin qu'on n'accusera pas de bonapartisme [1].

II

Mais, dit-on, si la guerre était inévitable, le gouvernement est encore plus coupable, car alors il devait s'y préparer.

Ce reproche paraît plus sincère que le précédent : au fonds l'on en veut bien plus à l'Empire de n'avoir pas réussi la guerre, que de l'avoir entreprise. C'est là ce qui met d'accord avec eux-mêmes ceux qui, après avoir été partisans de la guerre au mois de juillet 1870, déclament maintenent contre l'Empire : « si nous avions su que l'on n'était pas prêt, nous eussions été pacifiques. »

L'Empire s'est-il préparé autant qu'il l'a pu? L'Empire a-t-il voulu se préparer davantage? Pour se préparer davantage, a-t-il fait reconnaître au pays la situation militaire de la Prusse? Voilà toute la question.

Ici, nous faisons encore appel aux hommes de bonne foi.

Oui ou non, l'Empire, après 1866, a-t-il présenté une loi militaire?

Oui ou non, cette loi a-t-elle été l'objet principal des attaques de l'opposition, depuis la plus monarchique jusqu'à la plus révolutionnaire, pendant plusieurs années?

Oui ou non, aux élections de 1869, l'accroissement des dépenses et du service militaire était-il le thème favori de tous ceux qui attaquaient l'Empire?

Oui ou non, le maréchal Niel a-t-il exposé à la Chambre d'une manière complète tous ces documents établissant la force militaire de la Prusse?

Oui ou non, M. Thiers lui-même a-t-il combattu l'organisation de la garde mobile qui nous eût sauvés? Oui ou non, l'opposition radicale renchérissant sur cette opinion demandait-elle la suppression des armées permanentes?

1. Voir la brochure de Fernand Giraudeau.

LE

PLÉBISCITE

Au lendemain de la douloureuse défaite de Sedan, la France était encore une puissance de premier ordre; à l'intérieur, elle avait une dynastie puissante, une constitution plus libérale qu'aucune de celles qui l'ont précédée, la liberté de la presse, le suffrage universel incontesté. L'ordre matériel était partout tellement assuré que l'on avait oublié, après dix-huit années de calme, sans exemple, ces périls et ces terreurs d'autrefois. A l'étranger, la France était considérée comme une grande nation et l'on sentait qu'avec ses immenses ressources, il lui faudrait bien peu de temps pour réparer ces effets d'une guerre malheureuse. Atteinte seulement dans son amour-propre, elle avait conservé intactes les sources de ses richesses et son crédit était sans bornes. Pour continuer la guerre, s'il le fallait absolument, elle avait encore ses places fortes, son admirable armée de Metz, Paris debout, les gardes nationales qui s'organisaient. Elle avait par dessus tout la confiance, l'ordre et la discipline. Pour faire la paix, désormais nécessaire, elle avait le point d'appui qu'elle trouvait en elle-même et celui qu'elle trouvait en Europe. L'Europe jugeait encore naturel que la France maintînt l'intégrité de son territoire; personne n'eût compris alors que la Prusse réclamât deux provinces qu'elle n'avait pas conquises.

Huit mois après, les émeutiers du 4 septembre ont chassé l'Empire, proclamé la République et la France a perdu deux provinces; elle est criblée de dettes. La guerre civile est partout et mange ce que l'invasion avait épargné. Les sources de la richesse publique sont profondément atteintes et l'on se demande un moment pendant la commune comment la banqueroute sera évitée. De la liberté, il n'est plus question ; ceux qui l'aimaient la redoutent. L'ordre est à la merci du premier agitateur qui déclame contre la société. Peu à peu le mouvement commercial et industriel se déplace pour ne plus revenir. Seule l'armée, malgré les attaques dirigées contre elle, reste debout et avec une héroïque abnégation obéit d'abord à M. Thiers dans l'intérêt de l'ordre, comme elle avait obéi à M. Gambetta dans l'intérêt de la défense nationale. Aujourd'hui incertaine de son lendemain, frappée dans tous ses intérêts et dans tous ses sentiments, la France se demande quel dictateur il lui faudra accepter, rechercher, acclamer pour se soustraire à cet enchaînement de désastres. En Europe, la grande nation est tellement isolée que tout se passe sans elle, dans le règlement des affaires européennes. Nous en avons eu la preuve au congrès de Berlin [1].

Celle à qui jadis il suffisait de jeter le poids de son épée dans un des plateaux de la balance pour le faire pencher d'un côté ou d'un autre, ne fait plus partie, pour ainsi dire, du grand concert des nations. Bien plus, des roitelets et des princes barbares se permettent de ne pas respecter nos trois couleurs ! Ne venons-nous pas de de voir le souverain d'Annam laisser maltraiter le représentant de la France, M. le capitaine Renhart, et même le faire jeter dans les fers au mépris de la justice et du droit des gens. Certes, nous nous plaisons à croire que l'insulte que l'empereur Tu-Duc vient de faire à notre représentant et à notre drapeau sera vengée. Est-il besoin de parler aussi de la récente affaire d'Alexandrette ? mais, tout cela est un signe des temps, et nous semblons déjà habitués à subir sinon les leçons, au moins la morgue de l'étranger qui ne nous craint plus. Nous avons déjà exposé la triste situation qui est faite à la France dans une précédente brochure à laquelle nous renvoyons nos lecteurs.

Et il y a bientôt dix ans que cela dure !...

Que s'est-il donc passé depuis la défaite de Sedan ?

Une révolution.

Et, chose singulière, depuis dix ans à chaque nouveau désastre qui frappe le pays, il se trouve parmi ceux qui ont amené cette effroyable crise quelqu'un pour s'écrier : « c'est la faute de l'Empire. »

Le raisonnement sur lequel on s'appuie pour arriver à cette conclusion est très-simple :

« C'est la guerre avec la Prusse qui est la cause de tous nos malheurs et comme c'est l'Empire qui a voulu cette guerre, sans y être préparé, c'est lui qui est la cause réelle de tous les maux qui accablent le pays.

Eh bien ! nous prétendons démontrer que l'Empire a été contraint à la guerre et qu'il a tout fait pour l'éviter ; nous prétendons démontrer ensuite que l'Empire, sans vouloir la guerre, s'y est préparé autant qu'il l'a *pu* et que, s'il ne s'y est pas préparé davantage, *c'est par la faute de ceux qui le lui reprochent;* nous prétendons démontrer, enfin, que les malheurs du pays ne sont pas le moins du monde la conséquence de la guerre, mais la conséquence du renversement de l'Empire.

Après avoir fait cette démonstration d'une manière irréfutable, il

1. Voir la brochure : *La France et le Congrès,* par Fernand Boudeville.

Ce ne sont pas là des déclamations et des allégations vagues. Ce sont des faits. La preuve en est au *Moniteur officiel*, dans le compte-rendu des Chambres; elle est dans la polémique de tous les journaux opposants. Le souvenir est dans l'esprit de tous les électeurs de 1869. Nous ne leur demandons que de se poser à eux-mêmes cette question: oui ou non, est-ce le gouvernement et son candidat qui nous demandait de maintenir l'armée et de l'accroître? Oui ou non, est-ce l'opposition et ses candidats qui nous affirmait l'inutilité de ces précautions et de ces dépenses?

III

Qu'importe, dit-on enfin, l'Empereur devait résister, et il n'est pas moins certain que la guerre déclarée par lui est la cause de tous nos désastres. Poussé ou non par une opinion peu éclaircie, ce n'est pas moins lui qui a fait notre malheur.

Voilà justement la question qu'il faut serrer de près.

Pour faciliter la discussion, nous acceptons un instant que, contrairement à tout ce qui précède, que, contrairement à l'évidence, l'Empire a seul voulu la guerre. Nous accordons, en outre, qu'il l'a mal préparée, qu'il s'est trompé à la fois sur ses forces et sur celles de ses adversaires. Il y a, dans tous les cas, une chose évidente, indiscutable, c'est que l'Empire n'est responsable de la guerre que jusqu'à Sedan.

Si, conséquemment, on veut faire équitablement deux parts de responsabilité, une qui pèsera sur l'Empire, l'autre qui pèsera sur ses successeurs, il faut se demander dans quelles conditions la France était placée pour conclure la paix après Sedan et quelles eussent été dans ce cas les conséquences de la guerre.

Supposons donc que l'Empire n'eût pas été renversé au 4 septembre et voyons quelle était sa situation militaire et diplomatique.

Au point de vue militaire, nous avions perdu une armée à Sedan. C'était la moins bonne, non pas au point de vue du courage, car toutes nos armées sont également braves, mais au point de vue de l'organisation. Improvisée en quelques semaines, grâce à la merveilleuse activité du comte de Palikao, formée soit avec des corps déjà battus ou démoralisés, soit avec des troupes jeunes, elle se ressentait nécessairement de la hâte avec laquelle elle avait été formée. Quant à l'armée de Metz, l'héroïque armée de Metz, elle était intacte. Le corps du général Vinoy, grâce au sang-froid de son chef, avait été sauvé et revenait à Paris. Un autre corps était formé sous les ordres du général Renaud. Deux cent mille gardes mobiles, — deux cent dix mille pour être précis, — étaient équipés, armés et organisés. Les autres étaient en formation, et en même temps la loi qui appelait sous les drapeaux les hommes de 25 à 35 ans, fournissait chaque jour de nouveaux contingents. Parmi les mobiles organisés, cent mille, notamment ceux de la Bretagne, avaient reçu l'ordre de venir à Paris, malgré la vive opposition de M. le général Trochu, et ils sont arrivés en effet après le 4 septembre. Avec les soixante ou soixante-dix mille hommes des généraux Vinoy et Renaud, cela faisait donc un effectif de cent soixante mille hommes pour la défense de la capitale.

Les hommes ne suffisaient pas : il fallait, pour que Paris pût se défendre, des approvisionnements considérables et des travaux gigantesques. Pour ce qui concerne les approvisionnements, ils furent merveilleusement organisés et Paris était complétement approvisionné, ainsi que le long siége l'a prouvé et qu'une proclamation du gouverneur l'a constaté dès le 5 septembre. Quant aux travaux, ils avaient été poussés avec une extrême activité ; il n'y avait qu'à continuer la mise en état de défense, après l'investissement, comme cela se fait toujours.

Enfin, grâce à l'habileté consommée de M. Magne, qui avait réalisé à des conditions avantageuses un emprunt de 750 millions, les caisses du trésor étaient pleines.

Avec toutes ces ressources, fallait-il de nouveau tenter la fortune ? Fallait-il, au contraire, profiter de notre situation pour conclure la paix ?

C'est vraisemblablement à ce dernier parti qu'on se fût arrêté.

A quelles conditions eût pu traiter alors un gouvernement régulier ? Voilà la question.

Les affaires étrangères étaient placées sous la direction d'un homme à la fois conciliant et ferme qui, sans vouloir une paix à tout prix, avait jeté les bases d'un arrangement honorable. Dans ses conversations avec les représentants des puissances neutres, le ministre des affaires étrangères, M. le prince de la Tour d'Auvergne, avait toujours présenté l'intégrité du territoire comme la condition d'une intervention morale de l'Europe, et cette prétention n'avait jamais été contredite. Ajoutons même que le cabinet de Saint-Pétersbourg, à la fin du mois d'août 1870, trouvait encore cette prétention naturelle, ainsi que cela résulte d'une dépêche de notre ambassadeur, datée du 29 août.

Le 4 seprembre, après la défaite de Sedan, nous avions donc une force militaire suffisante pour continuer la guerre et l'appui moral de l'Europe pour conclure une paix honorable. Oui ou non, peut-on soutenir sérieusement que dans cette situation la France eût été obligée, pour conclure la paix, de céder deux provinces, de payer cinq milliards et de consentir à l'occupation étrangère pendant de longues années ? M. de Bismarck lui-même nous à déjà répondu : Non.

Mais la révolution est intervenue : par un fait sans précédent dans l'histoire, on a désorganisé le pouvoir au moment où il était le plus nécessaire. La révolution eut pour premier effet d'isoler la France, matériellement, et moralement, au milieu de l'Europe monarchique : matériellement par le rappel des ambassadeurs qui avaient la confiance des cours auprès desquelles ils étaient accrédités, moralement parce que l'on fait *avec* un gouvernement régulier et *pour* un gouvernement régulier ce que l'on ne fait pas avec un gouvernement sans *base légale* et sans lendemain. La révolution avait donc pour premier résultat de rendre impossible l'intervention de l'Europe et de condamner le pays à une guerre à outrance.

Le second résultat était de désorganiser la défense. La province, franchement napoléonienne, ainsi que le plébiscite l'avait prouvé, n'obéit qu'à contre-cœur aux décrets de Paris. L'armée régulière, malgré l'abnégation avec laquelle elle défend le pays sous tous les drapeaux, ne pouvait assister avec indifférence au renversement du pouvoir auquel elle avait prêté serment, ni voir sans un peu d'amertume des généraux, des maréchaux de France placés sous les ordres de quelques avocats. Le moins qu'on puisse dire à cet égard, c'est que la désorganisation de tous les services, l'envoi de préfets sans expérience, la nomination de généraux sans antécédents, a jeté partout l'indécision et a fait perdre bien du temps.

Voilà comment, par le renversement de l'Empire, la France est arrivée à cette effroyable paix.

Pour résumer tout d'un mot, après Sedan la France avait à gémir d'une guerre malheureuse. Elle était beaucoup moins atteinte que la Prusse après Iéna, elle était moins atteinte même que l'Autriche après Sadowa. Ses forces régulières seules avaient été engagées, la nation même n'avait pas souffert. Aujourd'hui c'est la France elle-même qui est frappée dans ses ressources, dans son organisation, dans son crédit, dans sa religion, dans ses croyances, dans son indépendance.

Mais le 4 septembre n'a pas eu seulement pour conséquence de rendre la paix impossible en même temps qu'il paralysait l'organisation de la défense. Il a fait pis encore que tout cela. Il a rendu la guerre civile inévitable. Il a réveillé l'espérance des partis monarchiques que le plébiscite avait brisée. Il a rendu les armes au parti démagogique que le Deux-Décembre avait désarmé et que l'Empire avait contenu.... Il a fait de la France une arène ou s'entre-déchirent les partis depuis 10 ans, sous les regards narquois de l'étranger. Ce n'est plus une Patrie, c'est l'image du camp d'Agramant que nous avons sous les yeux. Et la civilisation comme la société tout entière sont aujourd'hui menacées.

Voici ce qu'a fait la révolution.

C'est elle qui, dans l'opposition, a prêché à la fois la guerre contre l'Allemagne et le désarmement de la France.

C'est elle qui a tué la discipline dans l'armée en tenant école publique de désobéissance.

C'est elle qui a livré nos places fortes intactes le 4 septembre; livré notre armée de Metz, intacte le 4 septembre; c'est elle qui a livré à l'invasion nos provinces non envahies le 4 septembre; c'est elle qui, pendant des mois entiers, sans mandat, sans contrôle, a dépensé des milliards et sacrifié des milliers d'hommes.

C'est elle qui a imposé à Paris les horreurs d'un long siége.

C'est elle qui, en échange de tant de sacrifices, a donné à la France la paix de Versailles, deux provinces perdues et cinq milliards à payer.

C'est elle, enfin, qui a amené la guerre civile et la commune, et qui, après avoir abandonné les hommes dans Paris, a mitraillé, durant la semaine sanglante de Mai 1871, ses alliés, ses amis, ses électeurs, ses complices de la veille.

IV

Mais les temps sont trop graves pour qu'on se perde en récrimina·
tions stériles. Ce que nous disons là, tout le monde le sent, tout le
monde le sait. L'opinion égarée par les déclamations révolutionnai-
res revient à la justice et au bon sens. Laissons donc le passé et occu-
pons-nous du présent et de l'avenir.

La première chose à faire maintenant, c'est de sortir du gâchis,
de l'anarchie où nous nous enfonçons.

Le provisoire (car il ne faut pas perdre de vue que la Constitution
inventée par M. Wallon est RÉVISABLE) a fait ses preuves : avec lui il
n'y a ni sécurité, ni repos, ni ordre moral, ni ordre matériel, ni
reprise des affaires, ni crédit. Il n'y a rien, en un mot, de ce qu'il
faut à la France, si elle ne veut pas périr. Il n'y a que des ruines
s'entassant chaque jour sur les ruines de la veille. — L'essai loyal, le
principat bourgeois de M. Thiers, le septennat de M. le maréchal de
Mac-Mahon; le septennat revu et corrigé de M. Grévy ont été également éprouvés ; ils ont fait leur temps en faisant leurs preuves. La
démonstration est aujourd'hui complète et concluante. Il faut autre
chose.

Il faut donc un gouvernement définitif qui refasse une France ;
un gouvernement qui, par un large système de décentralisation, mettra la province à l'abri des coups de mains de la capitale et qui
fasse ainsi une part aux aspirations municipales qui se manifestent
partout. Il faut un gouvernement qui répande l'instruction laïque
et... religieuse aussi, jusque dans le plus humble village. Il faut un
gouvernement qui mettra notre état militaire à la hauteur des circonstances, en profitant des cruelles leçons du passé. Il faut un gouvernement qui remettra l'ordre dans les finances, dans la rue, dans
les esprits, dans l'administration, partout.

Comme la tâche est immense, il faut que le pouvoir soit fort, très-
fort. Et cela, il le faut tout de suite, car chaque jour perdu retarde de
plusieurs mois, de plusieurs années, notre réorganisation définitive.

Par conséquent, il y a un premier point sur lequel tous les hommes
d'ordre devraient être d'accord : la nécessité d'en finir avec les équi-
voques et de poser nettement la question devant le pays.

Le *plébiscite*, mon Dieu, oui. — Le *plébiscite;* il faudra bien que
l'on finisse par où on aurait dû commencer. Qu'en sortira-t-il ? — Voilà
la question ; elle ne vous inquiète pas.

Sera-ce la République ?

L'honorable M. Thiers nous a annoncé qu'il fallait la prendre
comme le *gouvernement qui divise le moins.* L'événement que M. Thiers
admettait autrefois comme le juge souverain d'une politique, —
l'événement n'a pas justifié les prévisions de M. Thiers. A voir l'état
des choses, on croirait plutôt que la république est le gouvernement qui divise le plus.

D'après l'expérience que nous venons d'en faire, il nous est permis de dire que la République est impossible en France. Elle est rendue impossible à la fois par les préventions trop naturelles qu'elle excite dans les campagnes et par les passions qu'elle déchaîne dans les villes. Par cette raison bien simple, la république honnête, la république modérée, la république que tout le monde a aimée dans sa jeunesse et à laquelle tout le monde reviendrait dans l'âge mûr, — par cette raison la seule république désirable est un gouvernement sans point d'appui. Elle est immédiatement dépassée par les uns et elle n'est pas acceptée par les autres. Aussi n'a-t-elle jamais paru sans susciter la guerre civile et n'a-t-elle jamais comparu devant le suffrage universel sans être condamnée par lui... n'en déplaise aux députés qui forment en ce moment à la Chambre la majorité douteuse de M. Gambetta et du ministère Freycinet. A ce sujet, qu'il nous soit permis de dire ici que c'est en vain que les républicains se retranchent derrière les élections qui leur ont donné la majorité, attendu qu'entre les élections, même générales, et le plébiscite il y a un abîme : dans les élections, les électeurs sont consultés sur *un candidat*, tandis que dans le plébiscite, c'est sur la *forme du gouvernement* que le pays est *solennellement* consulté.

La république étant impossible (ce qui paraît bien prouvé aujourd'hui), reste la monarchie.

Mais laquelle?

Sera-ce la monarchie constitutionnelle représentée par les princes d'Orléans?

Sera-ce la monarchie de droit traditionnel représentée par M. le comte de Chambord?

Sera-ce la monarchie de droit national représentée par la dynastie napoléonienne?

Les princes d'Orléans ont un grand défaut dans les circonstances présentes : ils ne représentent pas un principe. Au moment où le pays a besoin d'un principe et d'un chef, ils n'apportent qu'un système qui est possible sans eux (puisqu'en effet il fonctionne aujourd'hui) et sans lequel ils ne sont pas possibles. Ce système correspond-il aux circonstances actuelles? Est-ce de discussion, est-ce de bascule parlementaire, est-ce de compétitions ministérielles, est-ce de fictions constitutionnelles que la France a besoin en ce moment? Franchement, nous ne le croyons pas, — la seule chance des princes d'Orléans serait dans une reconnaissance sérieuse des droits de la branche aînée. Alors, du moins, on aurait l'avantage de voir diminuer la division du parti conservateur par la supression d'un parti sur trois... Mais la *fusion* n'a pas réussi, comme dit le *Figaro*..., et l'*infusion* n'a pas été consentie; nous sommes bien loin de tout cela.

Reste donc la légitimité.

Nous ne pensons pas avoir manqué, à aucune époque, au respect dû à la famille qui, pendant des siècles, a régné sur notre pays. Certes, le principe d'autorité a ses traditions et ses ancêtres, comme le principe révolutionnaire a les siens. Un homme politique ne doit jamais l'oublier. En outre, nous sommes de ceux qui, tout en constatant les infirmités de l'ancien régime, ne peuvent oublier ni ses gloires, ni sa grandeur. Nous avons toujours pensé qu'en 1789, nos pères avaient dépassé la mesure et qu'il vaut peut-être mieux étudier l'ancien régime pour lui faire des emprunts que de le dénigrer sans discernement. Aujourd'hui il est incontestable que l'on réagit contre la centralisation qu'on dénonce depuis dix ans comme étant tour à tour un instrument de désordre et de despotisme, et que l'on revient aux idées d'organisation communale et provinciale, seule base durable de l'autorité et de la vraie liberté. Il n'est pas moins certain que le système des armées par province ressemble beaucoup, sauf les progrès naturels, au vieux système français du temps de Louis XIV. Il est encore évident que parmi les idées sociales les plus chères aux ouvriers qui ne s'en doutent guère, il y en a beaucoup qui nous reportent au temps des maîtrises et des corporations. Mais la question est de savoir si, après une longue éclipse, la légitimité elle-même est possible en France. Correspond-elle à nos aspirations ? Ne blessera-t-elle pas le sentiment public ? Pendant longtemps, la population des campagnes sera le point d'appui légal du pouvoir. Ces campagnes qui se révoltaient, il y a quelques années à peine, pour avoir vu un tableau représentant la dîme, accepteront-elles la légitimité ? Si elles ne l'acceptent pas, sur quoi s'appuiera-t-on ? sur l'armée ? mais notre armée démocratique accueillera-t-elle avec faveur le retour du drapeau blanc et de tout ce qu'il représente ? On ne remonte pas le cours du temps, on ne déracine pas en un jour des idées qui sont entrées dans les esprits depuis un demi-siècle. La légitimité ne pourrait ni supprimer le suffrage universel ni gouverner avec lui. Voilà pourquoi nous ne pouvons y croire.

V

Et l'Empire
C'est là, croyons-nous, qu'est l'avenir.

Malgré ses fautes qu'on a exagérées, malgré ses revers qu'on a aggravés, l'Empire a laissé un souvenir durable, le souvenir de vingt années d'ordre et de prospérité sans exemple.

On a beau dire, on a beau déclamer, le paysan se souvient que jamais il n'a joui d'autant de bien-être, l'armée se souvient que jamais on ne lui a accordé une telle considération, les intérêts se souviennent que jamais on ne leur a assuré une telle sécurité. Sous la restauration, l'ordre était troublé par des conspirations ; sous la monarchie de juillet, il était troublé par des émeutes ; sous l'Empire, il n'a pas été troublé une seule fois. C'est après tout un souvenir qui n'est pas sans douceur par ce temps de guerre civile comme la commune, et par ces périodes *d'épuration* et de terreur.

Devant l'histoire, l'Empire a pour lui que deux fois depuis un demi-siècle il a été, dans des circonstances comme celles-ci, le restaurateur de l'ordre, le sauveur de la société. Il a aussi pour lui de n'avoir jamais pris qu'un pouvoir vacant et de n'avoir jamais usurpé le pouvoir d'un autre. Il est donc naturel que les yeux se tournent vers lui dans la crise actuelle.

Démocratique par son origine, conservateur par sa doctrine, l'Empire est peut-être le seul gouvernement qui soit l'ordre sans être la réaction, qui soit la démocratie sans être le désordre. Aujourd'hui, comme en 1851, comme à la fin du dernier siècle, la société a perdu son assiette. Une fois encore la révolution a mis en présence les grands intérêts sociaux qui, au lieu de s'unir dans un but commun, se détruisent dans une lutte inexorable. On imaginait que les passions démagogiques étaient éteintes, parce qu'elles étaient depuis longtemps contenues par une main ferme et vigilante. On les retrouve aujourd'hui aussi vivantes, aussi ardentes, aussi violentes qu'autrefois ; et Dieu sait quelle carrière elles se sont donnée depuis bientôt dix ans ! L'ouvrier des villes, entraîné par des déclamations, est de nouveau mitraillé par ses propres excitateurs. L'armée est conduite au feu par ceux qui lui ont prêché l'indiscipline. La bourgeoisie, ou plutôt ce bon centre-gauche, est frappée dans ses intérêts par la faiblesse de ceux qui accusaient l'Empire de ne pas lui accorder assez d'influence. Comment, au milieu de ce désarroi, ne songerait-on pas au conciliateur qui a déjà pacifié le pays ?

A un point de vue élevé, on comprend que le suffrage universel est la base nécessaire d'un gouvernement et l'on sent en même temps que l'Empire est la seule monarchie capable de supporter le suffrage universel. A un point de vue plus vulgaire on comprend que l'Empire est un gouvernement tout prêt, et qui peut s'établir sans secousse sur les ruines d'une constitution *révisable* dont la nécessité de révision se fait de plus en plus sentir.

Voilà pourquoi nous sommes convaincu que par raison ou par sentiment le pays revient à l'Empire.

Est-ce une illusion de notre esprit ou une surprise de notre cœur ?

La France a-t-elle plus confiance dans un autre prince ? Veut-elle revenir à la légitimité ou conserver la république ?

Il faudrait être insensé pour vouloir aller contre sa volonté. Les difficultés du gouvernement deviendront telles, il y aura tant de choses à faire, il y aura tant d'intérêts à régler, tant de fautes à réparer, qu'un pouvoir fort est indispensable, et il n'y a pas de pouvoir fort sans la volonté du pays.

Aussi nous ne réclamons ici qu'une chose, mais nous la réclamons avec insistance, et nous sommes certain que tous les hommes d'ordre seront conduits à l'exiger, il faut que la France en finisse avec les gouvernements *provisoires* ; or, comme l'a dit M. Naquet, la République *est un provisoire perpétuel*, il faut que le pays soit promptement consulté sur le choix du régime qu'il préfère.

VI

Aussi bien, désormais, l'expérience est faite ; nous y aurons mis dix années, dix années de troubles, de désarroi, de désorganisation, de souffrances, de misères, de gâchis ; mais si l'on veut être sincère, on reconnaîtra avec nous que l'état critique des choses actuelles ne peut se prolonger, sous peine de conduire à malemort notre pays.

Tout le monde est à peu près de notre avis à ce sujet ; et si, emporté par ses désirs particuliers ou par ses aspirations personnelles, chacun cherche et croit voir un résultat dans un sens qui réponde à ses plus secrètes espérances, il faut avouer du moins, que tous, radicaux, socialistes, opportunistes, légitimistes, orléanistes, impérialistes, se trouvent d'accord pour déclarer que la situation, qui est nôtre, en cette année de grâce 1880, doit cesser au plus vite. On a essayé toutes les formes de la République. — Nous l'avons eue, dictatoriale avec M. Gambetta, sanglante avec Raoul Rigaud, provisoire et conservatrice avec M. Thiers, septennale avec M. de Mac-Mahon, orléaniste avec M. Waddington, épuratrice avec M. Grévy, nous avons eu la Commune, l'essai loyal, nous avons eu le 16 Mai, nous avons eu la République acéphale, c'est-à-dire sans pouvoir exécutif avec M. Grévy, et nous ne sommes cependant pas plus avancés qu'auparavant. — Rien n'a réussi, et c'est toujours à recommencer. Le pays est fatigué. La Constitution Wallon s'en va en miettes, et il ne reste plus que des bribes de pouvoir sur des ruines d'autorité. Comme un cyclone, la Révolution a tout saccagé, sans avoir pu rien fonder.

Les bases sacrées sur lesquelles repose toute société digne de ce nom tombent en poussière sous les coups redoublés et inévitables de la révolution victorieuse et du radicalisme triomphant : adversaires d'autant plus redoutables qu'ils sont le Pouvoir, d'autant plus dangereux qu'ils sont la Légalité.

Oui, ils sont le *droit* aujourd'hui, ces ennemis de la société, qui s'exercent d'ailleurs sur elle, avec le bel acharnement que l'on voit.

Ils sont le *droit*... droit du plus fort, sans aucun doute ; mais enfin, il nous les faut subir par ce temps où la force prime le droit.

Un jour viendra pourtant, il faut l'espérer, où la justice reprendra sa place, et brillera sur nos rouges ténèbres comme une aurore de salut. C'est cette heure-là que nous appelons de tous nos vœux, et que le peuple appelle avec nous.

Le plébiscite s'impose.

Il est permis au vulgaire de s'étonner des épouvantables choses qui constitueront l'histoire de notre temps, en la faisant honteuse ; mais pour celui qui veut réfléchir, tout ce qui arrive devait arriver.

Le régime qui a la prétention de nous gouverner en désorganisant tout, depuis la Religion et l'armée jusqu'à l'administration, manque de la sanction d'où découle toute autorité, d'après notre droit social moderne.

En vain les républicains voudraient nous payer de mots et invoqueront les élections partielles, même depuis 1877. — Que le Pays ne s'y trompe pas, la majorité républicaine de la Chambre ne représente pas le tiers des suffrages de la nation. On n'a qu'à vérifier les chiffres, et, par les abstentions, on reconnaîtra la vérité de ce que nous avançons. Ce n'est donc pas l'opinion du pays qui siège à la Chambre.

De plus, sans la sanction populaire, pas d'autorité légitime. A ce point de vue, les élections partielles ou générales ne sauraient remplacer le plébiscite ni avoir sa vertu souveraine. Faut-il donc s'étonner de

blicain, et que la majorité rose qu'il renferme se fait la très-obéissante servante de la Chambre rouge qui siége au Palais-Bourbon.

Reste donc le pouvoir législatif; c'est celui-là qui embrouille la situation, qui fait acte de Convention et qui conduit le pays à sa perte par le chemin le plus court.

La situation s'aggrave tous les jours; les républicains ne forment même déjà plus un parti de gouvernement. Ils sont divisés entre eux sur toutes les questions et s'entre-combattent sans trêve ni merci.

M. Grévy, même s'il ne s'était pas laissé dépouiller de son autorité, ne pourrait rien pour remédier au mal.

Le Sénat pas davantage.

M. le Président de la République ne peut aller ni à gauche ni à droite : accepter la protection de la gauche radicale, c'est compromettre l'existence même de la République et déserter la cause de l'ordre; rester avec les modérés, -- on a vu ce qu'il est advenu des centres gauchers, — ce n'est pas seulement s'exposer au sort piteux de M. de Mac-Mahon, forcé de se démettre après s'être soumis, c'est vouloir se faire purement et simplement « waddingtonner ».

C'est ainsi qu'un homme de grand mérite, honnête, et qui a rendu d'incontestables services, M. Grévy, se voit réduit à l'impuissance et assiste au naufrage de ses opinions et de sa patrie sans pouvoir rien sauver.

Comment sortir de là?

En s'adressant au pays.

En faisant ce qu'on cherche à éviter depuis 10 ans ; mais ajourner n'est pas résoudre, et la satisfaction qu'on refuse à la nation, le droit qu'on lui a confisqué depuis le 4 septembre, le peuple saura bien le reprendre. Aussi bien, comme le dit encore le *Constitutionnel* :

« Un jour ou l'autre, quand nous aurons beaucoup bataillé, beaucoup écrit, beaucoup voté, beaucoup *épuré*, fait et défait des centaines de ministères, l'*Appel au peuple* se produira, selon toute vraisemblance, pour trancher nos vaines controverses et fixer notre sort.

« On conviendra bien avec nous que l'idéal de l'ordre politique, ce serait le gouvernement direct du peuple par le peuple. Cela était possible dans les cités antiques, qui ne comptaient que quelques milliers de citoyens ; cela n'est pas possible dans les vastes États modernes, où les électeurs se chiffrent par millions.

« Mais on n'en est pas moins — pourvu qu'on possède un peu de foi démocratique — dans l'obligation de se rapprocher de cet idéal, autant que le permettent les besoins de la réalité pratique. On ne modifie pas une Constitution tous les jours ; on n'élit point un président de la République tous les jours ; et certainement, pour ces tâches solennelles et nationales, le peuple ne s'indignerait pas qu'on le dérangeât, quand on le dérange si souvent *pour élire* des conseillers municipaux, des conseillers généraux et autres menus mandataires. »

Non-seulement le peuple ne s'indignerait pas qu'on le dérangeât pour le consulter sur le choix d'un gouvernement, mais nous croyons entrevoir déjà le moment où il réclamera ce qu'il considère comme son « droit strict et pur », et ce qui l'est effectivement.

Il faudra donc s'y résoudre, et toutes les hésitations ne simplifieront rien.

Tôt ou tard, le peuple exigera l'exercice de son droit, dont on le prive depuis dix ans, aux cris de « Vive la liberté » !

Car un régime qui n'est pas établi par la volonté nationale, dont l'expression politique est le plébiscite, ne peut durer.

Sur ce point, nous trouvons dans le remarquable ouvrage de E. Ventura[1] les considérations suivantes :

« La transmission de la souveraineté d'une personne à une autre demande toujours l'approbation plus ou moins explicite de la communauté. C'est, dirait-on, presque un contrat *emphytéotique*, par lequel la nation n'aliène pas la souveraineté qui lui appartient en propre, mais, en conservant le domaine *direct*, n'en transmet que le domaine *utile* sous certaines conditions, dont la première et la plus importante est celle d'en être, par des actes publics, reconnue seule propriétaire absolue, chaque fois que le *pouvoir* passe d'une main dans l'autre. »

Lorsqu'il s'agit de la souveraineté, il ne faut jamais oublier la doctrine qui, d'après tous les publicistes, en est la base et la règle, et que le grand docteur Suares a résumé dans ces mots : « Le pouvoir civil dont l'homme ou le prince est investi, le droit légitime et ordinaire, ne lui a été dévolu *immédiatement*, ou *moyennant le droit de succession*, *que par la communauté* ou PAR LE PEUPLE, et, SANS CE CONCOURS, aucun pouvoir politique n'est *juste* (c'est-à-dire légitime). »

Ainsi, de par la sanction du peuple, de par le *plébiscite*, le seul pouvoir légitime aujourd'hui est donc celui des Napoléons. En effet, le plébiscite n'est pas seulement une formule, c'est le contrat emphytéotique qui lie les Napoléons au peuple.

Ventura continue en disant qu'à propos de la grande controverse entre le dernier rejeton de la race carlovingienne et Hugues (Capet), le célèbre Adalbéron, archevêque de Reims, président de l'assemblée qui devait décider à qui de ces deux prétendants devait échoir la royauté, prononça ces mémorables paroles : « Le royaume ne s'acquiert pas *par droit héréditaire* (nec regnum jure hæreditario acquiritur), mais celui qui... etc. »

M. de Lourdeix n'a-t-il pas dit aussi : « Que c'est l'assentiment des Parlements et du pays qui fait la légitimité des héritages. »

Enfin, chemin faisant, le même E. Ventura dit encore : « Les juristes distinguent le *droit à* la chose du droit *dans* la chose (jus IN re, de jus AD rem). Or, dans un pays à constitution monarchique héréditaire, en ce qui touche la transmission de souveraineté, la naissance ne donne que le droit A la chose; quant au droit *dans* la chose, il ne ressort que du CONSENTEMENT plus ou moins explicite de la nation, à ce que le prince, appelé par la Constitution au trône, puisse s'y asseoir *légitimement*, et que celui qui a droit A la chose l'ait aussi DANS la chose[2]. »

Par conséquent, d'après la théorie des juristes, des écrivains et des hommes érudits et remarquables de tous les temps, le droit au pou-

---

1. E. Ventura, *Essai sur les pouvoirs publics*, § 48, p. 438.

2. Ventura, *Pouvoirs publics*, § 50, p. 455.

l'irrémédiable faiblesse, de la sans-pareille impuissance qui est la caractéristique du régime actuel ?

D'un autre côté, ce n'est pas avec *une voix* de majorité qu'on établit un système de gouvernement ayant des chances de durée ; ce n'est pas avec le vote d'une Assemblée et à la majorité d'une voix qu'on fonde un état de choses sérieux et fort. L'Assemblée de Versailles, assemblée monarchique et nommée seulement en vue de faire la paix avec la Prusse, a eu beau outrepasser ses droits et se déclarer constituante, il ne tiendra pas qu'à elle d'avoir établi la République. Il faut une sanction qui ratifie son vote. D'ailleurs, ce droit émané d'une Assemblée, est chose bien éphémère par lui-même. Un roi nommé par une Chambre est un roi sans force et sans prestige : « C'est vous qui êtes le sujet, puisque nous vous avons nommé, » disait un député au grand-père de M. le comte de Paris. Et le député avait raison [1].

Plus près de nous encore, n'avons-nous pas l'exemple du prince Amédée de Savoie, nommé roi d'Espagne par une majorité de 23 voix et chassé après deux ans d'un règne plein de dangers et d'insécurité.

La République Wallonnienne, qui a été votée par une seule voix (y compris les deux voix des princes d'Orléans), peut-elle se flatter d'être plus heureuse que ne le fut l'ex-roi d'Espagne, Amédée Ier.

Non, mille fois non ; — tout ce qui se passe et se passera encore le prouve surabondamment.

Au pays librement consulté, au champ de mai, au plébiscite, le soin de choisir le gouvernement ; à la Chambre le droit de stipuler des garanties et d'exercer le contrôle. Voilà la vraie tradition.

Il faut qu'on y vienne.

A la République, il manque la consécration populaire pour être viable. Il lui faut ce baptême. En vain le journal *la République française*, organe de M. Gambetta, s'attarde-t-il à appeler le régime plébiscitaire un leurre, il ne trompera personne et n'abusera que lui-même. Ce journal devrait relire le discours de M. Gambetta, son patron, qui, en 1870, loin de l'appeler un leurre, faisait l'éloge du régime plébiscitaire et s'en déclarait le chaud partisan. Il faudrait pourtant être logique et conséquent avec soi-même, ou nous expliquer par quel prodige ce qui était bon, admirable et louable en 1870, est devenu, en 1880, indigne d'attention, une chose sans nom, un leurre.

A notre avis, nous croyons que la République a tort, avec son unique voix, d'être si dédaigneuse, si contemptrice envers l'idée de l'Appel au peuple.

Cette idée, en somme, est d'origine républicaine aussi bien et autant que de source monarchique.

Pourquoi la renier ? C'est donc qu'on en a peur ?

Les républicains de nos jours ne devraient pas l'oublier, ils marchent contre les traditions du plus sévère esprit républicain.

Nous avons eu jusqu'ici trois Républiques.

L'ancienne, la première, ne se donna jamais une Constitution sans que le peuple fût admis à la ratifier.

1. *La légalité rouge*, par Clément Duvernois.

La République de 1848, seule, s'écarta un peu de ce principe.

« Mais, dit le *Constitutionnel*, il est essentiel de noter que la Constitution de 1848 réservait une part immense à l'intervention directe du peuple, puisqu'elle remettait au suffrage universel le soin exclusif d'élire le Président de la République.

« Le premier et le second Empire, pénétrés l'un et l'autre des plus vifs sentiments démocratiques, ne promulguèrent pas un seul acte constitutionnel qui ne fût fait « d'accord, de moitié avec la nation « française ».

. . . .

. . . .

« Aussi, — et ce n'est pas pour la première fois que nous émettons cette réflexion, — nous est-il impossible de comprendre que les républicains actuels les aient désertées (ces idées), eux qui se montrent si superstitieusement jaloux de toujours s'orienter sur 93.

« Ils sont, dans le point le plus grave et le plus essentiel, en contradiction criante et scandaleuse avec les principes constitutionnels de 93. Ils s'acheminent, avec des airs de conquérants, vers une grossière contrefaçon du droit divin. Ils mitonnent une espèce de Sainte-Ampoule à leur usage. »

VII

Mais où cela nous a-t-il mené?

Nous nous trouvons aujourd'hui en présence d'un ordre de choses qui ne tient plus debout. L'édifice érigé par l'architecte Wallon, craque et se lézarde de toutes parts, menaçant d'écraser et d'entraîner dans sa chute l'anémique génération d'hommes d'État qui y a élu domicile.

La révision de la Constitution prévue par l'article 8 des lois constitutionnelles de 1875, ne consoliderait même pas ce qui est fondamentalement instable, ne réparerait pas ce qui s'émiette et s'effrite sous les coups de vent de la politique radicale. Des trois rouages du gouvernement, deux sont déjà hors de service et brisés.

L'exécutif est annihilé, battu en brèche de tous côtés par les amis comme par les ennemis. Le président de la République n'existe plus politiquement aujourd'hui, à proprement parler, et il n'est toléré par les maîtres du moment que parce qu'il est personnifié par l'homme qui a, toute sa vie, soutenu ce principe « que la présidence de la République était inutile ».

Pour défendre cette théorie, qui est aujourd'hui si fort à la mode, M. Félix Pyat dans le *Mot d'ordre*, nous dit : *La République d'Athènes, la première République française et la Commune* n'avaient pas de présidents!...

Quels arguments!

Le Sénat est devenu insignifiant et sans force, depuis qu'il est répu-

n'aliène jamais un Droit et un Pouvoir qui lui appartiennent exclusivement.

Que les adversaires du parti de l'Appel au peuple ne s'empressent donc pas de se réjouir. Ils ont bâti sur le sable.

Il n'y a qu'un moyen d'établir un gouvernement fort, autrement que par la conquête militaire. Ce moyen, c'est le plébiscite. Ils ne l'ont pas compris... Bien plus ! les Républicains d'aujourd'hui le renient ! Tant qu'on ne voudra pas l'employer, il est clair que l'on n'aura point d'autorité. Or, quand il n'y a pas d'autorité conservatrice, il y a un désordre moral qui doit forcément aboutir à un désordre matériel et à une autorité révolutionnaire : c'est où nous allons.

Le Prince Impérial l'avait bien senti ; et, avec cette lucidité d'esprit des sages et de ceux qui doivent mourir jeunes..., parce qu'ils sont aimés de Dieu, il avait, dans son discours du 16 mars 1876, prononcé à Chislehurst à l'occasion de sa majorité, il avait, disons-nous, magnifiquement exprimé cette pensée, quand il disait :

« L'avenir demeure inconnu, les intérêts s'en effrayent, les passions peuvent en abuser.

« De là est né le sentiment dont vous m'apportez l'écho, celui qui entraîne l'opinion avec une puissance irrésistible vers un recours direct à la nation pour jeter les fondements d'un gouvernement définitif. *Le plébiscite, c'est le salut et c'est le droit, la force rendue au pouvoir et l'ère des longues sécurités rouvertes au pays, c'est un grand parti national sans vainqueurs ni vaincus, s'élevant au-dessus de tous pour les concilier.* »

Les admirables paroles du martyr d'Yotoyosi doivent être notre règle et notre cri de guerre. Le sang du martyr rendra invincible notre drapeau. *Hoc signo vinces...* Par ce symbole, nous vaincrons et la France sera sauvée.

LE PLÉBISCITE, C'EST LE SALUT, C'EST LE DROIT !

Paris. — Imp. L. Debons et Cie, 16, rue du Croissant.

voir *peut* être *possédé*, mais ne peut pas être *exercé sans le consentement de la nation.*

Le contrat emphytéotique qui lie le prince au peuple peut être brisé... C'est ce qui est arrivé pour les Bourbons en 1793... Le pacte a été déchiré le 21 janvier, au moment où la tête du roi tombait. La tradition monarchique plébiscitaire rompue ce jour-là pour les Capétiens a été reprise par Napoléon, et les plébiscites, jusqu'en 1870, ont donc mis les *Napoléons seulement* en possession légitime du *droit au pouvoir*, c'est-à-dire de la *souveraineté* que le peuple délègue et transmet « *sans aliéner jamais, cependant, cette souveraineté qui lui appartient en propre.* »

Ainsi, la monarchie des Bourbons, issue des lois franques et du suffrage national, a perdu son droit au pouvoir et ne pourrait le retrouver que par l'appel au peuple, dont étaient partisans, d'ailleurs, les fameux royalistes : Châteaubriand, de Genoude, de Lourdeix, Berryer, etc...

La République renie aussi ce principe, et s'en éloigne. L'Empire seul le retient et vit encore du plébiscite de 1870, qu'aucun autre plébiscite n'est venu infirmer... Mais, cependant, la nation doit le confirmer de nouveau, afin de joindre le *jus in re* au *jus ad rem*.

Voilà pourquoi il nous est permis de dire que l'Empire est la *vraie légitimité*.

Voilà pourquoi aussi ce qui est disparaîtra, et ce qu'on nous refuse : « l'appel au peuple, » s'imposera et nous sauvera.

VIII

Mais, dira-t-on, cet admirable principe, qui concilie tous les intérêts, qui simplifie les questions les plus graves et les plus complexes, a été délaissé par les républicains ; et, seuls, les impérialistes, fidèles à leur origine, l'ont précieusement ramassé et en ont fait leur drapeau. Or, les impérialistes prenant le nom de « parti de l'Appel au peuple », il y a présomption grave pour croire que jamais ni les républicains ni les autres partis ne consentiront à recourir à cette grande consultation de la nation.

Certes l'objection est juste et spécieuse ; nous avons nous-mêmes de sérieuses raisons de penser, qu'en effet, les républicains et les autres partis légitimiste et orléaniste s'accordent admirablement sur cet unique point, et repoussent unanimement l'idée de l'Appel au peuple, pour faire pièce aux impérialistes.

Mais, en voulant combattre les impérialistes, les anti-plébiscitaires, qu'ils y prennent garde, lèsent du même coup les droits de la nation ; et c'est ce crime de lèse-nation qui, précisément, précipitera leur perte.

On ne gouverne pas longtemps un peuple malgré lui.

Et les tyrannies les plus puissantes, les plus redoutables qui sont

aussi les plus courtes, n'ont jamais pu résister au réveil du peuple.
Le jour où le pays le voudra, il secouera, comme un léger manteau,
ce fatras politique inutile et tout ce parlementarisme menteur et im-
puissant, qui a la prétention de le servir.

Mais, il y là, reprend-on, comme des menaces de conflit.

Comment donc arriver à une entente sérieuse ?

Un homme politique de grand talent nous le dit [1] :

« Demander aux légitimistes d'accepter l'Empire, demander aux
impérialistes de se soumettre à M. le comte de Chambord en aban-
donnant ceux qu'ils ont servis, demander aux républicains modérés ou
radicaux de renoncer à la République, c'est évidemment demander
l'impossible. Le seul moyen, c'est de prendre un arbitre et de se
soumettre à sa décision. Cet arbitre, c'est le pays, car je défie qu'on
en indique un autre.

Rien de plus logique qu'une telle solution, rien de plus honorable
pour tout le monde. Autant il est impossible d'abandonner ceux
qu'on a servis, autant il est stérile de se concerter pour des élections
sans être d'accord sur une solution ; autant il est honorable de
sacrifier ses préférences personnelles à la volonté nationale, autant
il serait profitable à tous d'établir une entente sur des bases dura-
bles.

Il suffirait que demain l'on vînt dire à la France :

« Nous, légitimistes, orléanistes, républicains, impérialistes, nous
venons vous consulter. Nos divisions perdent la France, votre décision peut seule la sauver. Chacun de nous a des préférences qu'il ne
cache pas et qu'au contraire il affirme hautement. Choisissez entre
la monarchie traditionnelle, la monarchie représentée par M. le
comte de Paris, l'Empire et la République. Nous prenons l'engage-
ment de nous soumettre à votre arrêt et de servir le gouvernement
national. »

Oui ou non, le gouvernement établi serait-il un gouvernement
fort ? Oui ou non, aurait-il l'autorité au dedans et le prestige au de-
hors ? Oui ou non, chacun de nous pourrait-il servir ce gouvernement
sans rien sacrifier de sa dignité ? Oui ou non, y a-t-il un seul de nos
princes capable de nous dire : « Ne servez pas ce gouvernement ? »

« La vérité est qu'on aurait rétabli ce qui a été détruit par la Révolution : un gouvernement national appuyé par toutes les forces
vives du pays. »

C'est là, en effet, de la bonne et patriotique politique. C'est là la
vraie solution.

On le voit, l'opinion de nos adversaires, leur haine même ne sauraient donc beaucoup nous effrayer ; car nous pensons, avec tous
les bons esprits, que, s'il est quelque chose de plus « fort » que la
« force », de plus « grand » que la « haine », c'est « un principe appuyé sur la justice ».

Le peuple est patient parce qu'il est éternel ; mais son heure arrive toujours. Et si quelquefois, confiant dans cette pérennité qui
fait sa force et sa longanimité, il permet des expériences semblables
à celles que nous subissons, il n'abdique jamais pour cela, et surtout

1. Voir la brochure *la Légalité rouge*, de M. Clément Duvernois.